AN INSCH O' RAYNE

BY
FRANCES McDONALD

Dunnydeer Castle
On Golden Jubilee Day

ISBN 0 9526582-2-4

First published 2006
By
Frances McDonald

Printed by W. Peters & Son Ltd.   Tel. 01888 563589

CONTENTS

FOREWORD

Nothing could give me greater pleasure than to commend to you another book of Doric poetry from Frances McDonald, a real North East quine steeped in the traditions and language of her native homeland. I have had the pleasure of being a friend of Frances for many years and I always get a fine coothie feeling when I meet her, knowing that like myself, here is someone who is genuinely proud to know that the Doric language is a key ingredient to the identity of the North East of Scotland and is never slow to use it!

Frances is not only a gifted writer but also on stage as a performer in concert parties, bothy nichts, dancing, public speaking and as a compere. She is always a keen participant and supporter of many societies and groups throughout Aberdeenshire. Having these qualities gives Frances a good footing to know exactly what folk like to read and hear, perfectly expressed in her own distinctive style.

Her Doric writing is straight from the heart and soul of this north east quine, good humoured, with a sense of understanding real rural Aberdeenshire life. Poignant and straight with no frills – just like Frances herself. I wish there were more like her! She is not only proud to use the Doric but as a real supporter she is proud to have her material printed and recorded to help in our everlasting struggle to keep this tradition alive.

This book is yet another testimony that the language is still alive and kicking and is a must have for any Doric library. Read it and like me enjoy it! With all praise and congratulations to Frances for producing and publishing another treasure trove of Doric gems.

Robert Lovie
Fyvie Castle
Aberdeenshire

"Weel deen Quine" A the best

4

ACKNOWLEDGEMENTS

I've aye said "if I publish anither beuk o poems it'll be ca'd 'An Insch O Rayne' so efter some deliberation, here it is, I hope ye like it!"

The poems in this collection are as usual mainly humorous an there's anes tae suit a ages, lang anes, short anes, limericks an sic like.

My sincere thanks go tae John Blevins for volunteerin tae typeset the entire manuscript an tae Robert Lovie for the glowin foreword which he wrote. I really am indebted tae them baith for gi'en up their precious time. I'm sure they hiv a lot mair adee than tooter aboot wi the likes o me!

Thanks also tae mi cronies fa agreed tae hae their poems o dedication etc. included in the beuk (plus the anes that got nae option!). If it wisna for them a I'd hae naeb'dy or nithing tae write aboot.

Aye Yours

Frances McDonald

5

WIR AIN MITHER TONGUE

Wid'nt it be affa fine
If ilky local loon an quine
Richt fae in hippens fin they're young

Adopit their ain mither tongue.
Instead o posh pan loff like maist
Noo-adays am nae impressed!

Modern mithers think it's wrang
If littlins spikk their local twang
The verra thocht o't gaurs mi grue
Havers I say – fit thinks you?
Eh mercy me foo cwid fowk doon't
Richt or wrang shid nivver coont!

Try an keep it learn't an myn't
Ower the eers an dinna tyne't!
Nivver myn the lave spikk up wi pride
Gang aginst the flow an turn the tide.
Unless oor youngsters get a grip
Extinct it'll be like a sunken ship!

THE CURSE O AUL AGE

Fin us fowkies growe aul it's nae muckle fun,
Wi develop a ailments under the sun.
Richt fae soles o wir feet tae the croon o wir heid,
Things start tae ging wrang fin wir thin in the bleed.

Gin wi hinna grey it his a faen oot,
Wir falsers growe slack an they rummle aboot,
Inside wir moo ilky time wi chaa,
An this causes ulcers in nae time ata.

Blearie e'en wir blessed wi, wi bags in aneth,
Wir deef in ae lug aye fyles in them baith.
An spikk aboot wrinkles, they're a ower the place,
Fit on earth his come ower yon big sonsie face?

As at's jist the tap storey, fit aboot the rest?
Wi pyocher an hoast wi a chokit up chest.
Rheumatics of coorse hiv set in forbye,
Wir sair gaun aboot an wir sair fin wi lie.

Wir jints hiv seized up some fingers are squint,
An fit wye is't that athings aye tint?
Oh wi ging an wi look for't bit the bather o't is,
Bi the time wi get there we've forgot fit it wis!

So, wi hae a sit doon tae rist wir peer feet,
Kis yon corns an bunions wid near gaur ye greet.
An at's nae a, ere's aye dauds o hard skin
An yon big tae nail that aye keeps growein in.

Brittle beens of coorse is anither draaback,
Gin wi tak a tummle they'll maist likely crack,
An pairts o wir intimmers fyles pack in as weel,
Bit I'll say nae mair ere's nae need for detail.

Aye, life can be a trauchle fin aul ye'll agree
Bit wi mak the best o't fit mair can wi dee?
Gin wi wis tae give in fae thereon we'd be sunk,
There'd be nithing else for't bit sit an get drunk!

BI WIRD O MOO

As aul Dod sattlet in his cheer an's e'en began tae blink,
He thocht he spottit somebdy pass the windae by the sink.
So hault imsel on tae his feet an hochlet tae the door
An sure aneuch ere wis a loon he'd nivver seen afore.

Says he "am winnerin gin ye'll help mi wi mi lessons Mr Dod?
Wir teacher's intae Doric an she's giens is affa load.
O stuff tae dee at hame an mi fowk are jist nae help.
They canna tell the odds atween a kittlin an a whelp!

I've been tellt tae write the alphabet bit the next thing is absurd,
For ilky letter in it I've tae write a Doric wird.
Noo at micht seem a caker till a buddy like yersel,
Bit am nae a teuchter, I wis born doon in Crail".

Dod glowert at im droll kine syne says "ye'd best come in
An tell mi fit yer name is, afore wi div begin".
"Zak! weel, I wish ere wis mair like ye, ere's nae mony o yer age,
Wid wint tae learn Doric fin pan loff is a the rage".

"Bit laddie" says aul Dod, "am trickit at yer here,
It proves tae mi yer wullin – nae neen feart tae speer.
Jist tak yer beuk an pincil oot an grab yersel a seat,
Syne plunk it doon aside mi I'll show ye foo tae dee't.

We'll start awa wi 'A', noo it wid stan for aess,
Tell ye foo tae spell't loon! 'A' 'E' double 'S',
Bit it also stans for airm, aipple an amshach
Antrin an afftakkin, aneth, ahin an ach!

Noo *'B' is for bamboozlet, bleckit, bauchlet an begeck,*
'C's for contermashious, connach, cowk an circumspeck.
'D' is for dumfoonert, drookit, dreich an dunderheid,
Dachle, dicht an dirler, (yon thing aneth the bed).

'E' wid be for eemist, eerins, eese an emmerteen,
At's nae a it stans for eident, eynoo an efterneen.
'F' cwid be for fooshan, feerich, ficher an forbye,
Footerie an forfochen, foonert, fyaach an fye.

'G' micht be for glaikit, girny, geets an gweed,
Gollach, gowk an gurran, girnal, greep an gleed.
'H' for hoast an hotter, hochle, howp an hinnereyne,
Haveless, heuk an hyter, howdie, hairst an hyne.

'I' an nae sae sure aboot, bit imperence is ane,
I'll-nettert is anither, sae's inklin an ill-teen.
Jinipperous an jinkit, they baith start wi 'J',
Jeelt, jalouse an jaubber, noo at's anither three.

'K' can be a kittly ane bit, we'll knipe on a the same,
Wi knapdarlich, knyte an knott, kirn, kye an kame.
Neist lamgammachie an lippen they baith start wi 'L',
Likewise dis lowse an littlin, lang-lippit, loe an leal.

Wir fairly dirdin on loon at 'M' wir hauf wye throwe,
It stans for mishanter, mim-moo'd, mooch an myow.
Fae ere wi ging tae 'N' for nyaater, neeps an nieve,
Nyaakit aye an neukit, nerra-nibbit an the lave.

'O' is for yer oxter, owergyaan an onding,
Ootlin, oo an orrals, oolit an owerhing.
Plyter, pyocher, picher an plooks a start wi 'P',
Sae dis puddick, pyock, an pirn, ither three ye see.

Q's anither story tho there's nae a lot tae state,
Apairt fae queerieorrum, quigger, queets an quate.
Reeshle, rooser, rottan, noo they a start we 'R',
Bit I wid say rumgumption is a better wird bi far!

Again wi 'S' ere's plinty scope, we've scutter, scoor an sklyte,
Stammagaster, squallach, strushel, stoor an styte.
T's for tapsalteerie, tooteroo, an tyrraneese,
Tatterwallops, trauchle, an treetle gin ye please.

Bit 'U's a diff'rent kettle o fish nae muckle ere I fear,
Jist unca, unbekent, ull-wull an unctioneer.
Vrocht an vricht baith start wi 'V' sae dis a wird ca'd virr,
'W' stans for worsit, wheeber, wyme an whirr.

Noo, 'X' ll hae tae be exempt, kis nae wird div I ken,
Unless, wi pit wir heids thegither an mak up ane o wir ain.
'Y' the neist's nae hassle tho we'll wirk awa wi it,
Ere's yalla-yite an yaavins, yokie, yark an yett.

'Z's a sticky kine o wicket tho anither blank I doot,
Kis for the life o me nae wird can I fathom oot.
Withoot a doot am bleckit, it his gien up bi back!
Ach loon pit doon ere's nae sic thing an sign yer ain name ZAK!"

LANG LANG SYNE

Lang lang syne fin I wis a quine,
I gaed tae the skweel fyles tee.
The only odds is I gaed bi shanks meer,
Nae hurls in motors for me.

Ilky wikk day I climmed yon steep brae,
Be it caul weet an dreich or bricht sin.
An fyles in the snaa cwidna see ava,
Fin ere wis a roch howder o win.

Ye see, I didna bide in a village or toon,
Like a fair fyow o you littlins here.
Oor hoose wis gie near twa mile awa,
Fae the skweelie wi lo'ed sae dear.

Oh it wisna that big jist a sma affair,
Roon aboot twinty geets nae mair.
Ae teacher took chairge o the hale jing-bang,
An us bairns a thocht she wis rare.

Nae a crabbit aul craw she wis nice till us a,
A pillar on fit wi cwid lean.
She'd a sair fecht fyles learnin us the three "R"s,
Bit wi nivver eence hard her compleen.

Aye, those war the days ere's nae doot o that,
Oor skweel wis the place tae be.
Gin I'd only haen the sinse tae stick in,
I micht o been teachin tee!

DAN FAE STRACHAN

Am Dan fae Strachan the handyman
Ballogie born an bred
I'll turn mi han faur e'er I gang
D.I.Y. is mi trade.
Be it oot or in be't weet or win
it maks nae odds tae me
For mornin noon an nicht I wirk
there's aye sae much tae dee!

As I gaed doon the road yestreen
I met a lad ca'd Mike
Says he tae me "aye, aye fit like?
cwid ye sort oot mi bike?
For the chine's cam aff an a wheel's gane flat,
the steerin's gane agley".
Says I "och aye I am yer guy
ye'll soon be on yer wye!"

Noo jist a twa three wikks ago
aul Lizzie in a fix
Did speer at me gin I wid dee
a puckle mornin sticks.
So tae the hackstock made mi wye
wi saw an muckle aixe
Bit in mi hurry I keelt ower
an haggert a mi brikks.

Jean fae Skene's a dandy deem
she gie's mi plinty wark
She saves up a her orra jobs
am ere fae dawn tae dark.
For she maks mi fly an am peyed forbye
I cwidna wish for mair
Bit I hid tae draw the line yon day
she socht mi up the stair!

I says "oh na, nae eese ava
I dinna funcy at
I hiv a gweed wife o mi ain
so turned her doon flat.
She roared an leuch an shook her heid
syne says "oh michty Dan
The jobbie that I hid in myn
wis fix the bathroom fan!"

Ae dubby day as I passed by
I spottit fermer Yates
Cries he "Hi Dan, yer jist the man
tae sort a puckle gates.
An eence yer throwe catch at aul yowe
an check oot a her feet".
Bit the thrawin breet keist back her heid
an I got a sappy seat!

I'll sharpen a yer knives an blades
men hinges, snecks an locks
I'll change a licht bulb, plug or fuse
an overhaul yer clocks.
I'll pint an paper reefs an waa's
pit shelves up for ye too
There's nae a job upon this earth
this mannie canna do!

So gin ye wint a wee ca tee
fin jobbies fa ahin
I'll dee mi best tae help ye oot
gin ye gie me a ring.
Am Dan fae Strachan the handyman
Ballogie born an bred
I'll turn mi han faur e'er I gang
D.I.Y. is mi trade!

CHATTIE LINES

Ae caul wintry nicht fin heatin her k-nees,
Chattie pyochered an hoastit an startit tae sneeze.
The next thing she kent her falsers war tint,
They'd faen in the fire an gane up in a bleeze!

So, wi a face sunken in an lookin gie glum,
Aff she set het fit tae the dentist at Drum.
Fin she statit her case he leuch in her face,
"At's the best I've heard yet" says he "by gum".

"Buy gum ye feel fit's the sinse in at min?
Mi teeth are a goner ere's neen tae haud in"
"Wi that I agree wi Chattie" says he,
"Bit it will keep yer moo steekit shut fin ye grin!"

Anither day Chattie wis hingin oot cleyes,
Fin by cam a Yank an spottit her steyes.
"I say! they look cute, what on earth are they for?
I aint seen nothing quite like them before!"
"I daresay at's true" says Chattie on cue,
"Nor hiv I seen an ill-fashent b*ggar like you!"

LINIES FOR LITTLINS

Aul Mother Hubberd gaed tae the cubberd
Tae see fit ere wis tae aet,
Bit fin she wun ere she wis in despair
Ere wisna a pick o maet.
So, aff tae the shop aul mother did hop
Bocht tins till her hert wis content.
Bit wis gie hum-drum fin suppertime come
An fun oot her tin opener wis tint!

Jock Sprott fae the Broch gaed tae sweem in the loch
Tae queel himsel doon ae day,
Bit fin he cam oot he discovert a troot
Hid chaa'd a chunk oot o his tae.
Says Jock "I suppose at's jist foo it goes
Ye cwid say it wis a mi ain wyte,
Last time I fished ere I cam hame in despair
Compleenin ere wisna a bite!"

Pussy-cat, Pussy-cat faur hiv ye been?
"I've been tae London tae visit the Queen"
Pussy-cat, Pussy-cat fit did ye there?
"I suppit her cream syne wee'd on the stair"
Pussy-cat, Pussy-cat did she say "shoo
This is a Palace it's not a cat's loo?"

Pussy-cat, Pussy-cat faur hiv ye been?
"I've been tae Balmoral tae visit the Queen"
Pussy-cat, Pussy-cat fit did ye there?
"I suppit her cream syne wee'd on the stair"
Nae again pussy-cat! did she say toot, toot?
No, yer a fule stinkin beggar an kickit mi oot!"

Pat-a-cake, Pat-a-cake, baker's man
Fit hiv ye got in yer funcy van?
"Bannocks an breid fit else ye galloot?"
"I wis lookin for dumplins bile't in a cloot!"

Twa little dickey birds sat upon a wa
Ane tummelt aff an the tither flew awa.
Syne by cam twa blackbirds an reestit on the lum
Fin the heat began tae rise they began tae hum.

Rub-a-dub three men in a tub
In watter richt up tae their waist,
Fin some silly mug gaed an pull'd oot the plug
They took tae their heels in haste!

Little Bo-Peep his tint her sheep
She disna ken faur they hiv gane,
They took roon the neuk wi an Aylesbury deuk
Since then they hiv nivver been seen!

I had a little nut tree nithing wid it bear
So I climmed richt up inside it
an gaed the birds a scare.
Fin they flew awa I thocht I'd dee the same
Bit tummelt throwe the branches
syne got lickit for't at hame!

Hickory, Dickory Dock
The moose ran up the clock,
Fin the clock struck six he near fyle't his brikks
Kis he got siccan a shock!

Clippety, clippety clop
The aul cuddy wis thrawin tae stop,
Tae the butcher's it ran an cowpit his van
Some said it wis in for the chop!

Baa, Baa, black sheep hiv ye ony oo?
Aye min ferlie fower pyokes foo!
Ane for mi ma an ane for mi da
Ane for mi grunny an mi granda ana.

Doctor Foster gaed tae Gloucester
In the poorin rain,
His feet got weet throwe a hole in's beet
So nivver gaed back again!

Dickory, Dickory, Dare,
The pig flew up in the air.
Aul Fermer Broon thocht it wis a balloon
Till something spirkit his hair!

Hey, Diddle, Diddle, the cat's on the fiddle
The tykie's on tooteroo.
The moothie wis fit the hen did pick
Bit it widna fit intae her moo!

Davy, Davy, Dumplin, tied in a cloot
Hotterin in a pot wi stame yomin oot.
Gin he's ready for the denner I'll hae im on a plate
Naewye in the world will ye get better maet!

I hiv an aul dog his name is Sport
His tail's great lang an his legs are short.
He's got ringlet e'en an his coat is fite
Bit he hisna got teeth, so he canna bite!

Ally, Bally, Ally, Bally, Bee
Fin ye growe up – fit will ye be?
A bonnie lass wi a glint in her e'e
An somebdy's mammy jist like me.

LENA'S LASTIK BAND

Gin ye wint tae haud a pairty or a do o ony kine,
Get in touch wi Lena kis am sure she is yer quine.
She sits aside her phonie wi her diary in han,
Wytin for the thing tae ring an hire her lastik band.

I say her band is lastik kis it stretches far an wide,
Richt ower fae Don tae Dee an up bonnie Deveronside,
An fyles as far as Buchan an Banff close by the sea,
Kirriemeer in Angus tae Glamis an Glenesk tee.

Noo the number in't can vary fae twa three tae quite a lot,
It a depens on function an foo mony fowk are nott,
Bit fit ivver ye may plump for ye canna gang far wrang,
Wi Lena an her lastik band things will gang wi a bang!

Ere's nithing she likes better than takkin centre stage,
Her an her Golden Oldies some marvels for their age.
Aye deil-mi-care an happy kenspeckle kine o folk,
Sure tae mak ye merry wi some music, sang an joke.

Tho her heid's as black's a craw nae wye is she a witch,
Bit a wizard on the keyboard she nivver his a hitch.
Yon music's sure tae thrill wi cwid listen ivvermore,
She fairly tugs the hert strings dis Lena fae Lynmhor.

Maistly at's in winter tho in simmer she spens oors,
Bowlin, hikin, haikin an tendin a her flo'ers.
Of coorse she is green fingert at's nae ill tae see,
Wi a second name like GARDEN fit ither cwid she be.

Noo simmer's come an gane an Autumn's draain nigh,
Lang dark nichts awyte us fit a thocht I hear ye cry.
An Lena's inside practisin new tunies jist for fear,
She gets a puckle bookins for Christmas & New Year.

So, gin ye wint some music for a pairty or a do,
Get in touch wi Lena kis she's sure tae cairrit thru.
She'll be back aside her phonie wi her diary in han,
Wytin for the thing tae ring an hire her lastik band!

FOWL PLAY

As I gaed up bi Dunnydeer I saw an unca sicht,
An umman wi a bunnle in her oxter haudin ticht.
She hid a tykie on a towe wa treetlin oot in front,
A sma lik mongrel craiter it micht o been the runt.
O the litter it belang'd till bit it didna gie a snuff,
Twis ilky bit as happy's yon pooches doon at Crufts.

Noo, fitivver else she'd wi her wis debatable becis,
Fae the distance it wis hard tae tell fit the objec' wis!
Twis the colour o a hippen in sair need o dolly blue,
Wi broon lik straiks an spreckles, a fyaachie kine o hue.
For a the earth nae that unlike a dumplin in a cloot,
At wis until I spottit twa bricht eenies teetin oot.

"Aye, aye" says I "nae bad lik day", say's she "I hiv seen waur,
Are ye a local buddy or hiv ye traivelt far?"
"Och nae at far ava doon the road an roon the neuk"
Says I aye meevin closer so's I'd get a better look.
Twis curiosity kill'd the cat bit fyles ere comes a time,
Ill-fashens gets the better o's, efter a it's nae a crime.

Fyle wi steed ere thegither haein a news an wee bit hyse,
Ere seemt tae be a reeshle as the win began tae rise.
The objec' gaed a shochle an a wing cam powkin oot,
Folliet bi twa knotty feet an pyntit kine o snoot.
"Aha" I thocht I've sussed ye – a clockin hen indeed,
Ye're ane o the feathert clan an nae the furry breed!

22

Booin doon I raxed mi han oot an gaed it's tail a tug,
The aul wife says "ye've deen it noo, ye'd better watch yer lug.
Altho mi hennie's pettit it's nae ower keen tae play,
Ony buddy tryin at on is sure tae rue the day!"
Nae seener hid she spoken fin I fan a sudden stoon,
The nesty little begger startit pickin at mi croon!

An afore I got steed up mair wis tae come an worse,
On tap o at it layed an egg – a win ane an it burst.
Weel, I dinna hae tae tell ye the sotter I wis in,
The intimmers o the egg wis dreepin aff mi chin!
Nae tae mention mi gweed frock, it wis splattert doon the front,
Wi skirps o yalla yolk, an mi ain bleed in amon't!

I glowert at the wifie an she glowert back at me,
"Ye canna say I didna warn ye" says she foo o glee.
"Warn mi" shouts I "fitivver div ye mean?
Ye nivver said a wird till's until the deed wis deen".
Weel, wi a the argy bargyin the hen took fleg an flew,
An the last I saw o it wis the tyke wi't in it's moo!

WULLIE'S LOT

Ae mochie kine o mornin nae long efter Wullie rose,
He wis thumpin up the thinkin fyle steerin up his brose.
Thocht he "time's weerin on noo the day is on the turn,
An a lot I hiv adee afore this roup I swarn.

Since I hiv nae nowt left tae sort I mebbe cwid instead,
Haul on mi biler suit an redd oot yon aul shed.
A gweed muck oot it's needin the stuff in it's nae real,
I've nivver seen it teem since the eer I left the skweel.

So, as seen as he got riggit he wannert ben the closs,
Took a gawk inside an thocht losh bit at's some soss.
Ae day winna sort this lot, I'll need a wikk I think,
Near athings been bung'd in here bar the kitchen sink!

Afore he got richt yokit he hid tae redd a road,
Ere wisna room tae swing a cat it's true I help mi God!
Accoutrements he'd githert fae aulden days hyne back,
Fin fermin wis a trauchle an ere wisna time tae slack.

Oot cam an aul card table, claes horse an rockin cheer,
A rooser an a riddle an a rowe o pikey weer.
A ferret box an game bag, tins hauf foo o pint,
A silver platit hip-flask wi a supppie port aye in't.

A milk sye an a skimmer, a fite enamel pail,
Wi muckle orra chips faur the coo hid gien't a knell.
A cheese press an a churn, twa butter cards as weel,
A timmer tattie chapper an Bessie's milkin steel.

A haaper an a smiler, pint stoup wi chippit spoot,
An aul horse collar wi the stuffin hingin oot,
Gin traps for catchin rottans, Tilly lump an Primus stove,
An aul gramophone, those war the days by jove!

A stack o sivinty aichts jist affa near played bare.
Will Starr an Jimmy Shand of coorse baith o them war ere,
An sittin richt aside them wis an aul melodeon,
Fite wi stoor an wyver's wobs, thocht he "I'll hae a tune".

At gaed up his back tho it wid naither rug nor rive,
So laid the aul thing doon again it wisna wirth the strive.
Neist an aul badminton racket an a box o shuttlecocks,
Some roosty snecks an padlocks, an twa alarm clocks.

Preservin jars, teem bottles, a swat for killin flees,
A bress jeely pan gane green wi verdigris,
A tailor an a neep pluck, odd bits o binder towe.
Bit Wullie wis distrackit fin ere wis a pae wae myow.

Sure aneuch a cat hid kittlet inside an aul bee skep,
Took ae look o him an made a quick escape.
Clammert ower the heid o athing an ca'd ower a peen o gless,
Ca'd it tae crockaneetion – ye shid o seen the mess.

Efter at infernal flurry, Wullie cwidna see for stue,
It gaed richt up inside his nis an intil's e'en an moo.
He snochert an he sneeze't a fyle, rubbit at his e'en,
Syne proceeded wi his ploy, he nivver did compleen.

The dresser draar wis neist in line, so hault the hale thing oot,
In it wis lots o nick nacks he'd forgotten a aboot.
Hen's rings, heel rings, tackets, studs an seggs,
Thraw crook an seck needle, snare wire an some pegs.

Bicycle pump an patchin, a pocket knife bit blunt,
An Oxo tin o pandrops thocht he "the verra dunt,
Ivver since yon cat gaed frantic an raised up sic a dust,
Mi moo's been dry's a fussle I'll sook em at's a must.

They'll help tae clear mi heid an gie mi some relief,
Am as sair chokit up, in ae lug am gie near deef.
Bit as seen's I feenish this lot I'll tak a wee bit brak,
Hae a fine het cup o cocoa an a sanwich for a snack".

As happy as a pig mon goor oor Willie sodgert on,
Anither oor an mair, mesmerised at fit he'd fun.
Like fin he cam across his pluffer an the catapult he made,
Fin jist a loon twa toys, wi fit he'd played an played.

Mony happy mem'ries aye, wi the femly on the hill,
It looks lik jist yestreen that they got sic a thrill.
Bit afore I start wi mair thocht he " I'll hae mi fly,"
So hauf roads tae the hoose met Bessie on the wye.

Says she "fit a stink yer breath his fit hiv ye been amon?
Bide weel oot ower fae me I canna thole the hum"
"Weel look, I fun this tin o pandrops an I've aet em a bar ane",
Says she, "ye bloody gowk at's mochballs I aye winnert faur they'd gane!"

REPLY TAE DODDIE & BUNTY

Dear Doddie & Bunty,

Am sorry I've taen sae lang tae write,
Bit mi brain widna wirk ye see at wis mi plight.
Ivver since yon day the Postie did knock,
An han mi yer letter I've suffert fae shock.

Hidden talents I'll say, kis I nivver kent,
You twa cwid write poems lik yon ane ye sint!
I wis fair taen aback nae a wird o a lee,
It wis ivver sae kind tae myn on aul me.

An a richt gweed job ye made o't forbye,
I've show'd it tae abdy that's called in by.
Bit, ere is ae mistak in't ere is indeed,
Abdy that's seen't wi me his agreed.

Yon bit aboot me makkin faces ye said,
Weel, at's a lee it's the wye I wis made.
It's aye been lik at richt fae birth ye see,
Unless I hae a facelift at's foo it will be.

An ere's nae muckle chunce o at takkin place,
So, I'll jist hae tae mak dee wi mi funny aul face.
Efter a this eers I'd be feel gin I deet.
Kis it disna bather mi, I dinna see't!

A the best tae ye baith
Fae Frances.

COLIN & KATHLEEN
FAE
THE BACK O BENNACHIE

Says Colin tae Kathleen "fit wid ye say
Till a wee celebration tae mark wir big day?
Like a nicht doon toon tae see **MOULIN ROUGE**,
Am dyin tae see't the feedback his been huge!"

"Maybe" says Kathleen "bit am nae gaun ere,
Tae watch weemins legs kickin **UP IN THE AIR**.
Na, na mi lad jist ye think again,
Something mair sedate at hame in Aul Rayne".

"Weel, **LET'S HAVE A CEILIDH** wi fowk **FRAE A THE AIRTS**,
Since duncin's aye been sae dear tae wir herts.
We'll need **MUSIC MAKARS** tho, fa shid wi get?
I think **LOTHIAN LADS** wid be a safe bet!

I've heard them afore an they war first class,
Athing fae **CLUTHA** richt doon tae **SNAKE PASS**.
An fit aboot guests, fa will wi invite?
Kis wi wint this tae be a **REEL** special night".

"Weel, **J.B. MILNE** for a start an your **COUSIN JIM**,
An aul **JOHNNIE WALKER** wi daurna miss him.
Syne ere's **FERGUS McIVOR** an **ANGUS MACLEOD**,
An yon **AIRDRIE LASSES** a richt cheery crowd.

Wi cronies like them wi canna gang wrang,
MERRY DANCERS *they are the hale jing-bang".*
"Aye, only ae thing worries mi, at is the Queen,
Is wir Do the same day's her ***TRIP TO ABERDEEN?***

Kis ***HER MAJESTY IS WELCOME*** *tae come till it tee,*
Since wi share the same date it maks sinse tae me.
In a pair o your pumps she wid look rale trig,
Wi me for a partner duncin ***JUBILEE JIG".***

"Och, yer awa wi the fairies noo Colin mi loon,
Hae a wee ***BARLEY BREE*** *an calm yersel doon.*
I'll pit on a C.D. afore callin't a day,
An well try oot this dunce ***THE RUBY WEDDING STRATHSPEY".***

The above poem was written to mark the occasion of Colin & Kathleen Simpson's Ruby Wedding on June 2nd 2003

All sections printed in block capitals are names of Scottish Country Dances.

A NEW ADDRESS

Fair fa yer muckle splotchy face,
An insult tae the puddin race!
For ugliness ye'd tak first place,
    I safely state.
Ne'er hae I seen sic a gooey mess
    On ony plate!

There ye lie wi teethless grin,
Hunkit intae an ilie skin,
Swyte dreepin aff yer broo an chin,
    Sic a scunner.
An at's nae, a yer deef an blin
    Ye legless wonner!

Yer wrinkly stroop's bun up wi towe,
Tae stem the bree fae seepin throw,.
That fairly gaurs mi claa mi pow
    It dis indeed.
The like o't I've nae seen till now
    Ye unca breed!

I ken ye think ye are the chief,
A hack abeen a daud o beef,
Bit mark my wirds ye'll come tae grief,
    Afore ower lang.
Fin I attack it's my belief
    Ye'll fin the stang!

Ye neena glower wi baith lips pursed,
Yer time is up ye hiv been cursed,
Tak that ye vratch! noo at's you burst,
Nae mair ye'll snigger!
Lord fit's inside?, I dreid the warst
Sic a quigger!

The verra sicht o't gaurs mi cowk,
Foo can I offer this tae fowk?
Fit wis at ye girslie gowk?
Jist try't an see,
Aricht, I'll tak mi fork an gie't a powk
Bit I'll say a prayer afore I dee!

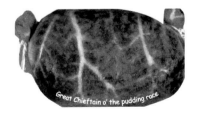

Great Chieftain o' the pudding race

31

A PUFF O WIN

On discussin the gowf at Carnoustie,
Monty mentioned his irons war roosty.
Coltart says "at's nae a the wither wis raw,
An the sandwedge I hid wis fooshtie".
"Ah" says Lawrie "fin I made my bungle,
I wis deep in yon jungle
An hid jist aboot a I cwid thole,
Fin yon Tiger cam by gaed ae muckle sigh,
An blew mi ba intae the hole"!

SOO MOO

Says the soo tae coo "fit wye hiv you
Only fower tits fin I've mair than ten?"
Says the coo tae the soo, I hinna a clue,
Bit foo mony teeth his a hen?
"A hen" says the soo "ye silly aul moo"
"Aye" says the coo tae the soo.
"Weel I dinna ken, bit gin ye catch a hen
Wi a moo I'll coont" says the soo.

IT'S NUT FAIR

Wir nut bag's clean connacht
A muckle black craw,
Cam by an rippit it
Syne flew awa.
Wee blue-tits an spurgies
Look on in despair,
Doon moo't an winnerin
Fit wye it's nae ere?

THE JUBILEE TOUR

Ae day while abroad on her Jubilee tour,
The Queen got weet feet in a richt doonpoor.
"Where are one's wellies I can't seem to find,
Did you pack them or leave them behind?"
Fin Pheelip said "oops" he got ane o yon looks.
Says she "remember in future, we're not all Dukes!

POPPY AN PANSY

Poppy an Pansy an Violet an Fern,
Set aff ae day tae the Flo'er Show in Nairn.
Fin hyne in the road, Pansy says "My God!
Wir awa withoot Rose fae the gairdnir's abode"
Says Vi "I called by", bit her Sweet William said
"My petal Rose is still in her bed".

THE FITBA FANATIC

Frunkie the fitba fanatic wis in at a match ae day,
Fin a boy miss'd the goal he shouts
"Dig a hole, he's nae man aneuch tae play"
The ref lookit roon an says "sattle doon
Gin ye dinna shut up an be quate,
I'll tak ye bi the scruff o the neck
an kick yer backside oot the gate".

TIBBIE

Tibbie is nae chucken, she's seen better days,
At goes for hersel as weel as her claes.
Gie waur o the weer an infernal decrepit,
Wi a hump on her back lik a Bennachie ferret.

Fin young she steed stracht, as a gairdin rake,
Bit noo gings twa-faul wi a kink in her neck.
Ere's sic a boo on't, the peer trauchlet deem,
Canna see faur she's gaun, jist faur she his been!

She his knockin-knees, she's bow-hoched as weel,
As pirn-taed an doon at the heel,
Crochlie queets stappit inside aul broon bauchlet beets,
A peetifae sicht 'twid neer gaur ye greet!

Gin ye walk in ahin her, ye canna bit grin,
Efter ilky step, ere's a fluffer o win.
Bit she nivver lat's dab, nivver says soo's lug,
Jist forges ahead, gies her shooders a shrug.

She his warts an ragnails on baith o her hans,
On her fingers she's clooks gie near an inch lang.
In the yird that his githert aneth ilky ane,
Girse seed gin pluntit wid growe bonnie green.

Wikk in, wikk oot, she weers the same cleyes,
Richt fae the tap layer tae semmit an steyes.
Only fin Mey is oot gin ye pass on yer bike,
Will ye see washin haived ower the dry steen dyke.

Her hudderie heid is tousled an grey,
Tufts stannin on eyne lik tufts o strae.
Her knotty aul nieves are lik midden creels,
An gweed kens fan last her face got a sweel.

It's wither beaten ferntickled wi flecks,
An wrinkles as deep as wid beerie the flechs.
Gin they mooch oot aneth her oxters at nicht,
Fin in her scratcher baith e'en steekit ticht.

Bit fit cares she, she's aye up wi the lark,
Timmerin on fae dawn throwe tae dark.
Ootside on the craft, Tibbie's aye in a hash,
Hinmaist thing on her myn, is haein a wash!

Gie odd ye'll agree, bit it's her wye o life,
Daily darg comes netral tae this aul wife.
Nae doot her reward for hard graft is wealth,
Bit I widna swap places, I treasure mi health!

THE AUL PRESS

As I sat in mi fireside cheer wyvin on fower pins,
I thocht I heard a reeshle fae the aul press in ahin's.
Cwid it be imagination or did something mebbe fa?
It cwidna be a rottan the thing's hyne up the wa!

I feenished oot mi roon first syne laid mi shank aside,
Creepit quately ower till't an took a keek inside.
Nae a single thing bi-ordnir as far as I cwid see,
Athing wis in place jist like it ocht tae be.

Mi lugs hid been deceivin mi, hearin things I doot,
Bit, tae saitisfee mi curiosity I hid tae check it oot.
Ere wis nithing precious keepit in't 'twis foo o eeseless trock,
A gie far cry fae Grunny's time, fin keepit under lock!

Under lock an key it hid tae be, at wis ae thing sure,
Twis stappit foo o her remeids near ilky ill she'd cure.
Chock-a-block wi bottlies, some war neen ower nice,
She keepit mixters o a kines, even stuff for killin lice.

Friar's Balsam, eucalyptus, some camphorated ile,
Baith Winter Green an Vick an stuff for fowk wi bile.
Caster ile, cascara, Epsom salts an Beecham's peels,
Eence wi got a dose o them, wi a took tae wir heels!

Boracic crystals, intmint, patches for sair e'en,
Ile o cloves for teethache, Zambuk an Germolene.
Vaseline for fired bits, Snowfire for nesty hacks,
Stinkin Sloan's liniment, for stiff like jints an backs.

Gin ye wis tae contract carrie, Gentian Violet on she'd pint,
An gin ye hid a beelin, a poultice wi fite lint.
Gin ye haggered a yer knee or grazed it on the grun,
Eence it stoppit bleedin, iodine wis dabbit on.

An by jove it wis nippy, it fairly gaurt ye lowp!
Bit ere wis nae sinse in girnin, kis wi kent she'd skelp wir dowp.
Oh a hardy gurran Grunny, nae sympathy fae her,
It didna tak a lot tae pit her in a pirr!

Bit back tae her aul press again an fit a mair wis in't,
She'd cotton oo an bandages, gauze, ile'd silk an lint,
Sticky tape an finger steels, slings for broken airms,
T.C.P. an Lysol for killin aff the germs.

Almond ile an olive, for luggies fin they're sair,
Some spirit soap for shiftin dandruff fae the hair,
A thing for parin corns, an tae nails growein in,
Stuff for pintin bunions an warts upon the chin.

Cod liver ile an Virol, iron tonics for the bleed,
Calamine lotion for yokie plooks, Askits for sair heids.
Bit nae quick wye tae rid the flu, or bad attack o scoor,
An for slack skin an wrinkles, again ere wis nae cure.

Bit she cwid hannle maist compleents , an div ye ken this? fyles,
Fowk wid even speer gin she cwid shrink their piles.
Some strange remeids ye maun agree bit they war a the rage,
Yet, in spite o a until this day, there's nae ane for aul age!

BENNACHIE FOR ME

I've wannert mony roadies in ma lifetime that's a cert,
Tho nivver far awa fae the hill that tugs ma hert.
An tho fyles it micht be distant it aye seems near tae me,
I fin a warm lowe within sicht o Bennachie.

At antrim times I've traiket roon bi Buchan an the coast,
Faur I hae seen The Bullers an Mormond Hill's fite horse.
Bit they canna haud a cannle as far as I can see,
Tae the landmark o The Geerie, oor ain Bennachie.

Rhynie his its Tap O North, The Cabrach boasts The Buck,
Close tae Dufftown is Ben Rinnes, fyle Huntly claims The Knock,
Syne doon The Glens we've Foudland an Tillymorgan tee,
In Insch ere's Dunnydeer, within sicht o Bennachie.

Gin fae the Howe o Alford ye heid towards the Dee,
A fair fyow hills in at airt'll tak a buddy's e'e,
Bit Morven, Mona Gowan an Mount Keen ye wull agree,
Are jist a puckle mole heaps alangside Bennachie.

Nae maitter faur I wanner in ma twilicht eers tae come,
'O Gin I War Whaur Gadie Rins' aneth ma braith I'll hum.
Yet mair miles I micht traivel an mony sichts I'll see,
Bit deep doon in ma hert wull aye be Bennachie.

It's Bennachie for me, aye Bennachie for me,
Amang the bloomin heather, bracken an the roddin tree,
Am weerin on in eers noo, nae sae swack's I eest tae be,
Bit as lang as I draw braith, it's Bennachie for me!

Lourin Fair Day 1974

FAME FOR A DAY

Nivver ivver did I think that I'd be stannin here
Addressin a an sundry in mi finest Sunday gear.
It maks a welcome change fae lookin for a fee
Believe at gin ye like folks bit at's foo it eest tae be.

Mony's the time I've been here sair trauchlet an forlorn
Nae siller speen in my moo the day that I wis born.
I wis brocht up the hard wye dother o a cottar's wife
An this is jist a taste o the better side o life.

An ye ken am fair taen on wi't the feelin is jist gran
So, I'd better mak the maist o't it winna lest for lang
I micht be in the limelicht noo, bit ae thing is a cert
Kennin my luck I'll seen come crashin doon tae earth!

Jist afore that happens tho I wid jist like tae say,
Witherwise wi hiv been lucky on this Lourin day.
Bit as I've already said, I hiv been here afore
An witnessed some gie plyters since wa back in '74.

That's the eer it wis revived, aye it wis awyte
An excitin day for ane ana, a Aul Rayne gaed gyte.
I'll ne'er forget yon clorts o dubs, fylin a mi queets,
Nor yet yon eer the Tinkies cam wi cairtie foo o geets.

Anither time the Vet cam resplendant head tae foot,
Disguised as an army Sergeant canvassin for recruits.
Some thocht he wis for real an very near signed up
Bit the bobby sortit him oot, his knuckles got a rap.

An fit aboot aul Strothie foo cwid wi e'er forget?
Him an his aul nag jammin up the entry gate.
Naebdy cwid win by them kis he kickit up a stink
Till someb'dy gaed for watter tae gie the beast a drink.

Fae Pitmachie yon mechanic the king o Volvo cars
Efter tryin a the track events wis Lourin's superstar
He pranced aboot sae cocky like fair thocht he wis it
Swallt heidit did ye say I thocht mi sides wid split.

Syne ere wis the local jiner a takkin kine o chiel
At the roup he ootbid abdy an wis trickit wi his deal.
The unctioneer did say a matchin pair wis guaranteed
Inside the sma broon box held heich abeen his heid.

Fyle hopin for war medals or aul jewellery bequeathed
The last thing he expeckit wis a set o aul false teeth.
Ye shid o hard the lauchin fin we saw he'd been done
Jiner didna care a docken it wis gweed hameower fun.

That's a in the past tho, noo back tae the present day
Fit's in store for you fowk is mair tae the pint I'd say
Weel, variety is the spice o life or so the sayin goes
An I believe ere's plinty here tae keep ye on yer toes.

In fact I'd ging as far as say ere is a feast
O displays an demonstrations laid on bi man an beast.
A Pipe Band doon fae Huntly an Insch Fire Brigade,
Granite City Dog Agility Club, horse an pet parade.

Gin yer feelin energetic ere's plinty sports tae try
Lourin wechts an caber for the teucher kine o guy.
Nae forgettin a the kids ere's things for em as weel
Richt fae bonnie baby stage tae bigger anes at skweel.

Gin I wis tae mention athing it wid tak a efterneen
Ye've listened lang aneuch tae this aul kitchie deem.
The only ither thing I'll say is richt noo I do declare
That here an now officially I open Lourin Fair!

**This was the speech I used when I had the
Honour of officially opening Lourin Fair 2000**

Lourin Fair Day 1974

LIMERICKS & SIC LIKE

Molly an Polly an Dolly an Dod
Jolly cronies on hollies awa oot abroad
"Good golly" says Molly
"Mi brolly's a holie"
Says Polly tae Dolly "sic lolly fae Dod".

Fin aul Sammy Souter fae Culter
Socht a shot o a young laddie's scooter
On a coorse kine o neuk
He jinkit a deuk
Fell sclap an skint a his hooter!

A young fermer's wife fae Strathbogie
Pit her cake till a show up in Foggie
Fin the judge tried a chunk
Her falsers gaed clunk
It wis as dasht clorty an soggie!

Fae Insch a stoot cookie ca'd Nellie
Aye took the train intae toon daily
Yon day o the strike
She tried the push bike
Bit cwidna win on for her belly!

I ken snooker's borin wi sit an wi glower
At frame efter frame for oor upon oor
Bit I cwidna bit lauch
Fin a lad drappit aff
Syne got chuckit oot fin he startit tae snore!

Fin the hen layed the egg wi the double yolk
It kecklet an scraicht an craa'd lik a cock
The peer deuk wis jealous twis easily seen
It's heid wis doon an it's egg shaals war green!

Aul Mysie Mi'Doodle fae Rayne
Decided she'd flee ower tae Spain
Lang afore she won ere
Her airms grew sair
So she took a nosedive at Mulben!

A buxom young belle Gelda Gyke
Wi the men o Lonach did hike
Bit fin aul Sandy Soper
Said something improper
She powkit his fit wi her pike!

Last wikk a daredevil fae Skene
Thocht he'd tak a trip up tae the meen
So, set aff tae the toon
Bocht a het air balloon
Since then he his nivver been seen!

Ere wis a young jockey ca'd Joss
Vowed naebdy cwid beat his race-hoss
As it neared the last post
It gaed ae muckle hoast
Collapsed an wis judged a deid loss!

At a concert wee Muggie McGinty
Wis said tae sing lik a lintie
Fin she opent her moo
An roared lik a coo
The compeer shoutit "at's plinty!"

A big heavy-wecht at the games at Braemar
Ae day toss'd the caber a bittie ower far
He lookit gie glum
Fin an umman fae Drum
Said she's seen it ging crash on the reef o a car!

Aul Fanny the packwife fae Finzean
Aye gaed aboot fusslin an singin
Bit she seen changed her tune
Fin an ill-trickit loon
Gaed her plowt on the moo wi an ingan!

At a pie-aetin contest up at Drummuir
Geordie scoffed twa dizzen in under an oor
It wis nae surprise
Fin he won first prize
Bit wis up the hale nicht wi a dose o the scoor!

Did ye hear aboot Chattie the trauchlet aul char?
Fa bides in yon hoosie aside Craigievar
She skytit an fell
An cowpit her pail
An her cleanin stuff landit aneth somebdy's car!

At Dumfries Burns' Supper fowk war in distress
Fin the Piper got tint an didna show face
Neeps an tatties on plate
For the haggis did wait
It seems Selkirk Grace gaed the wrang Address!

Selina Slapdash blew tae abdy aroon
Foo she'd been socht tae open a big store in toon
Bit she nivver lat dab
Boot the mishap she had
Fin her lastik gaed ping an her bloomers fell doon!

Twa aul cronies stravaigin by the Dee
Baith as deef's a door nail an nott a their time tae see
Fin a low fleein aircraft swooshed by they fun a dird
Says ane tae the ither "at wis some size o bird!"

ALGY FAE OYNE

Weel here we are a githered here,
Tae honour a freen us fowk haud dear.
Born an bred within sicht o wir hill,
Aye willin tae help wi richt gweed will.

Algy Watson M.A., B.A., M.B.E.,
A faithfu' servant nae wird o a lee.
There's nae a lot this man's nae tried oot,
Weel kent bi ab'dy roon aboot.

Baith at hame an abroad thanks tae is skill,
Fin takkin pictirs o oor famous hill.
They appear on calendars an P.Cs,
Bonnie yalla breem blawin in the breeze.

Bit at's only ane o his talents ye ken,
He is a dab han wi the paper an pen.
Aboot Oyne past an present he wrote a beuk,
An I'll guarantee it's weel wirth a look.

Faur he fun time tae dee't is fit puzzles me,
Kis he's hid sae mony ither things tae dee.
Former Geography teacher for mony a eer,
Writin History beuks noo, dis at nae seem queer?

Atween a the committees on which he his been,
Plus a yon kirk duties, he's up till his e'en.
As kirk elder, choir member an session clerk,
Religiously he his made his mark.

Senior Bennachie Baillie oor Algy is tee,
An in his young day a Donside referee.
He ran the hale length an breadth o the pitch,
Blawin his fussle fin ere wis a bit hitch.

Noo I hear he stravaigs aboot showin his slides,
An the odd Burn's Supper he taks in his stride.
Nae a stranger tae Doric wir ain Mither Tongue,
Dis a he can tae encourage the young.

In the Doric Fest brochure, event twinty-three,
Fin I took a squint I happened tae see.
In the Bennachie Centre, a Doric nicht,
An fa's the heid bummer? aye, Algy at's richt!

Withoot a doot this man is immense,
Bit ere is ae thing that disna mak sinse.
He's hid fower hip replacements – he his aye fegs,
Some achievement I'll say fin he's only twa legs!

Jokin apairt tho I'm sure ye'll agree,
Withoot this man's help faur wid ab'dy be?
He's served the Community a lang time I sweer,
In total I hear, aroon fifty-two eer.

Bit changes are lichtsome so they aye say,
He decided this simmer tae call it a day.
Fit ye've deen for us Algy for ivver we'll treasure,
Gweed health an luck, mak the maist o yer leisure!

MERRY CHRISTMAS MAET

At this time o eer pairties are tae the fore,
Fowk sit roon their tables o goodies galore.
Wi gorge intae maet like it's gaun oot o style,
Syne girn fin suff'rin wi hertburn or bile.

An is't ony winner gin wi tak time tae think?
On the maet side aleen nivver myn the drink.
Starters an main course syne puddins wi hae,
Mince pies an mints wi coffee or tae.

An at's jist at the table, ere's atween meals forbye,
Wi nibble at athing that passes oor wye.
Be it tattie crisps, chocolates, pop corn or nuts,
Sic a conglomeration in onyb'dy's guts!

Noo fyles stodgy maet can be hard tae digest
So, oot comes the booze an fizzy drinks next.
Tae wash athing doon wi hae the odd jar,
Which adds tae the problem an maks us feel waur!

Next thing wir blawn up lik a het-air balloon,
Wir hale body gings rigid wi canna boo doon,
Wi sit an wi groan, wi grunt an wi pech,
Wi rift an brak win, wi fidget an flech.

At the heicht o discomfort fin feelin neen weel,
Next thing wi ken someb'dy rings the door bell.
Some freens fae hyne back hiv jist poppit in by
Weel, it's only bit mainners tae gie them a fly.

So, on gings the kettle without mair adee,
Look oot the bone china an set oot the tea.
Plates laden wi shortbreid an rich Christmas cake,
Plus anither wee drammie for aul time's sake.

Aye, ye may say't sic a blinkin palaver,
Div ye honestly think ere's a need for this bather?
Christmas it seems his lost it's real meanin,
Ere's a lot mair till't than winin an dinin!

This time o eer tae me is for bairns,
Fit will Sunty bring? is their main concern.
Bit in spite o fit I think, ae thing is a cert,
At the eyne o the day wir a bairns at hert.

So aet up an drink up, lang may ye indulge,
Even tho a next eer it'll be beat the bulge.
Slacken yer belts an aet a ye can get,
Tae ane an a, MERRY CHRISTMAS MAET!

A BELATED BIRTHDAY WISH

Altho this card's a thochtie late,
It's nae becis I did forget.
I'd gweed intentions bit oh dasht.
It seems I've been infernal hashed.
Atween treasure hunts an bothy nichts,
I've hardly hid the time tae licht.
Baby sittin a day yestreen,
Plus makkin futrets in atween.
An shewin aaprins, irnin claes,
This wikk ere's nae aneuch o days!
Am really sorry for this hitch,
Hope ye dinna think ma a haveless bitch.
Jist sneak this cairdie in yer raw,
It's better late than nae ava!

A HUNNER EER O LEAR
1899 – 1999

September 28th, aichteen hunner an ninety-nine,
Wis a raither special day for ilky loon an quine.
'Twis a time for celebration, nae doot a gran affair,
Fin the new Insch skweelie opened, tae twa hunner kids an mair.

Nae that I wis there tae see't, I wisna on the go,
Not yet wid neen o you anes, it wis sae lang ago!
A hunner eer exactly, hiv come an gane since then,
This eer a milesteen his been reached, in case ye didna ken!

A great achievement you'll agree weel wirth some recognition,
This seat o learnin wis a must for them that nott tuition.
An still is till this day I hear, tho things hiv changed a lot
Bit, the basics they are much the same, the three R's we've still got.

Aye, readin, 'ritin, 'rithmetic, necessities that's true,
Ye'll nae get far withoot them, bit it fairly gaurs mi grue
Tae see yon calculators an computers tae the fore,
Fin we hid slates an skaillies for tottin up wi score.

Jist mark my wirds at's fit we hid, it is a fact nae prank,
Oor calculator wis wir heid, likewise wir mem'ry bank.
Athing wis drummed intill's, till oozin oor wir lug,
Gin wi didna pey attention wis threatened wi the tug.

The problems we'd tae solve fyles, gie near gaed up wir back,
We'd tae keep wir wits aboot us ere wisna time tae slack.
If slow kine on the uptack, twis lessons hame tae dee,
An ilky nicht occurrence, that aye seemed tae be.

Readin, spellins, meanins, ilky nicht they war a cert,
Plus a puckle sums an learn tables aff bi hert.
In class wi hid dictation, composition, fyles an drill,
Nature study, shewin, country duncin, (sic a thrill).

The Books o the Bible, Ten Commandments an Lord's Prayer,
Beatitudes an poetry, war a preached till us there.
On singin days the teacher fyles wisna gweed tae please,
She hid the chick tae say wi a sung on diff'rent keys.

I nivver did like singin, it wis ane o my pet hates,
Since the day she gaurt a loon an me haud hans an sing duets.
I jist sat an prayed for playtime, beddies, tig an jinga-ring,
The last thing that I wintit wis tae sit inside an sing!

Bit at's aneuch o my skweel days am strayin fae the fact,
That this ane here's a hunner eer an stannin still intact.
There is nae doot ye'd like tae ken 'boot the comin's to an fro,
O various fowkies teachin here sae mony moons ago.

Weel, that I canna tell bit, a certain Alexander Will,
Seems tae be the very first, man tae fit the bill.
Foo lang for I dinna ken the notes I got war vague,
Bit I'll sweer yon day the piana burst he got a dasht fine fleg!

Ye neena lauch it's richt aneuch the blastit thing gaed knell
Syne ae wintry mornin efter at, the ink froze in the well.
Nae gweed times ata it seems bit worse wis yet tae come,
An epidemic o some fever shut the classes doon for some.

Of coorse Empire Day it wis observed the kids got early hame.
Coronation Days and Jubilees, 'twis hale days aff for them.
Athing's nae on record bit it maistly wis the wye,
Onything tae dee wi Royalty an wir skweeldays got the by.

Nae jist for celebrations, ere wis times o sadder tone,
Ere wis holidays for funerals fin wir Monarchs did pass on.
Again of coorse fin war bruik oot, the skweelie hid tae close,
Mair than eence it seems that National emergencies arose!

On September 2nd, thirty-nine, ere wis some consternation,
Close on three hunner evacuees converged upon the station.
Mums an dads an littlins hid journeyed up bi train,
A the wye tae Insch fae Glesga, lookin for a hame.

Eence sortit oot an sattlet wi a reef abeen their heid,
Next concern wis education, aye it wis indeed.
Classes war reshuffled, some new anes formed as weel,
So's bairnies cwid enrol an attend the village skweel.

As lang's am on this subject, foo mony o ye myn
On Identity cards an Gas masks?, I can myn on't fine!
An fit aboot wir Ration Books disht oot in forty-two?
An nott for mony eers tae come we'd tak gie ill wi't noo!

On the lichter side o things tho back in twinty-five,
The doctor diagnosed, some heids hid come alive.
Na, nae wi the soon o music, nithing quite sae nice!
Cases o a verminous nature? I tak it at meant lice!

Far fae a lauchin maitter bit fit ither wid ye dee?
On readin 'Dr Mitchell sent for' (I thocht some tragedy).
Nae doot a major problem bit much easier tae cure,
Than diphtheria or whoopin cough rinnin rife am sure!

Noo I've mentioned rennin, brings races tae mi myn,
The kine run at skweel picnics fin I wis jist a quine.
Egg an speen (wi tattie) the barra an the sack.
Three leggit wis anither bit ye hid tae hae the knack!

There is definitiely a knack in't I ken at ower weel,
That's ae thing I did learn fin I wis at the skweel.
The secret o success wis pick a partner o same heicht,
Wipp a scarf weel roon the legs an tie it fine an ticht.

The highlicht o the eer wis the picnic or skweel trip,
Awa in a bus tae Cullen tae gie the feet a dip.
The sea air made fowk hungry tho, some kids cwid hardly wyte,
For their pyokie o fine pieces, fair mangin for a bite.

Carefree days withoot a doot an at's nae a I hear,
Tae roll their Easter eggs kids climm'd up Dunnydeer.
In Spring 'twis ben Drumrossie in search o puddick's eggs,
An conkers in the Autumn, sic a lot o weary legs!

'Twis nature study back in them days, bit noo-adays they say,
Biology an projects are the order o the day.
An gone are the days o geometry an algebra come tae that.
Mathematics they're baith branches o, that's an actual fact!

This new fanglet wyes o deein things, leave me in the shade,
Nae wye can I keep tee wi a the changes made.
Progress is the wird for't, or so they try an tell's,
'Modern technology' they say it hardly ivver fails!

We've seen mony major changes since this skweel cam intae force,
Maist war for the better bit, some war for the worse.
Ye ken! we've hid twinty Prime Ministers, some o great renown,
As weel's six diff'rent Monarchs, (tho only five war crowned).

There's been six heidmaisters I think am safe tae say,
Plus Mrs Janice Paterson, the lady here the day.
Numerous ither teachers coverin subjects o a kine,
Hiv deen their level best here in that space o time.

Congratulations tae ye a, ye weel deserve the praise.
I hope Insch skweel Centenary rekindles happy days.
Baith young an aul enjoy yersels an may ye a be blessed.
Here's tae mony mair tae come, I wish ye a the best!

THE PACKWIFE

Foo mony o ye myn on the aul wife wi the pack?
Trampin ben the road wi yon bunnle on her back.
I can myn on't weel, clear as gin it wis yestreen,
Tho fyles she wis sair trauchlet she wis near abdy's freen.

Weel, freen o the hame-ower wirkin class, nae the "would be toffs",
They thocht themsels abeen weerin ither fowk's cast offs.
Bit wi didna care a docken, kis wir mither's hid tae dee't,
Fin hauf a dizzen geets nott cled, 'twis a tyaave tae mak eynes meet.

An yon claes she selt war neen the waur, weel washen an aye hale,
Fit's mair a dasht sicht chaiper than the drapers eest tae sell.
Thrift wis a must in them days, ilky bawbee fowk wid save,
An oor femly wis neen diff'rent jist as hard up as the lave.

Mebbe nae exactly han tae moo, bit nae a that far fae't,
Bit mither aye made siccar wi wis nivver stuck for maet.
So, the packwife wis a blessin tae maist fowk in oor glen,
She catert for a' ages richt fae littlins tae growne men.

She hid moleskin breeks an weskits, flannel sarks an wheelin draars,
Overalls an winceys for kitchie deems an chars.
Short breeks an breeches some made ooten twill,
Silk petticoats an bloomers an navy eens for drill.

Of coorse, quines wore liberty bodices so she cairrit them forbyse,
Mantles, shaals an nichtgoons, galluses an steyes,
Pantaloons an rompers, camisoles an smocks,
Winter coats an combies, kilts an velvet frocks.

I'll ne'er forget yon little kilt mi mither bocht tae me,
Hauf a croon she peyed for't an it fittet till a tee.
Bit dinna speer fit tartan, a I ken 'twis reid an green,
I thocht I wis, the biggest toff, this side o Aiberdeen.

Aye, the packwife wis a boon till's ere's nae denyin at,
"Till this day I pictir yon array, spread ower the fireside mat.
An mither wylin oot claes for rinnin roon the door,
It fairly braks mi hert tae think, the packwife is "no more".

Nooadays it's thrift shops faur the weemin gang tae brouse,
An I've jist heard a rumour, that some "would be" bocht a blouse.
So, neist time yer at a waddin an ye see a funcy hat,
Hae a snicher o a lauch an think, noo faur did I see at?

THE MERRY DANCERS

Weel div I myn yon day lang syne
*Fin **FAIR DONALD** said to me,*
"Foo div'nt ye come tae wir dancin class?
Yer sure tae like fit ye see.
Wi meet in the hall ower in Aul Rayne
*At the **BACK O BENNACHIE**,*
An wir aye lookin oot for a new recruit
Tae jine wir crew ye see!"

Of coorse me bein saft (in ither wirds daft)
Agreed tae toddle alang,
Bit it wisna plain sailin like I first thocht
I cwidna o been mair wrang!
Yon fancy manoeuvres hid me in a spin
I wis meetin masel comin back,
An yon affa poussette I can myn on it yet
'Twis lang ere I got the knack.

Bit things did improve as the eers mairched on,
***DANCING MASTER** saw tae that.*
Weel, atween you an me at's a wee fite lee,
'Twis a mistress tae be exact!
Miss Stuart wis her name o local skweel fame
Retired wi plinty spare time.
She wis the ane in charge o the team
An gaured us a toe the line.

An mony a lauch wi got at times
*A richt **HAPPY MEETING** I'll say.*
*Yon **IRISH ROVER** I'll nivver forget*
'Twis an extra-ordinir display!
*An the **PINES OF PITLOCHRY** - oh dearie me,*
It wis ilky bit as bad.
*Nae tae mention **IAN POWRIE'S FAREWELL***
*He wis a **BRISK YOUNG LAD!***

*JOHNNIE WALKER wi nick-named **THE FRISKY**,*
*A brand o the **BARLEY BREE**.*
***FRASER'S FAVOURITE** wis **BONNIE ANNE**,*
*An I liked the **DUCHESS TREE**,*
*Bit ere's **NONE SO PRETTY** as **NOTTINGHAM LACE**,*
Tho fyles wi did land in a knot.
*Ae lad lost his **EQUILIBRIUM***
Collapsed in a heap on the spot.

*Bit **IT'S JUST FOR FUN** efter a ye ken*
It's gran tae lat wir hair doon,
Noo wi venture oot tae the rallies,
An dance tae live bands roon an roon.
Ere's hardly ivver a wikkine gings by
*Bit wir burnin the **MIDNIGHT OIL**,*
*An come **TODLEN HAME** tae wir **PEAT FIRE FLAME***
*For a richt gweed **REST AND BE THANKFUL**.*

It's twinty-five eer since we startit here,
Fowk hiv scattered since then I agree.
Nae mony o the originals left
Only the odd twa three!
*Noo we've got this **SUMMER ASSEMBLY***
An wir in for a whale o a time,
*Former members hiv come **FRAE A THE AIRTS**,*
*For the sake o **AULD LANG SYNE**.*

*An I hope ye can **TARRY A WHILE** mi freens,*
Share a bite an a drammie as weel.
Gin yer nae ower sweer, get up on the fleer,
*Mak this **ANNIVERSARY REEL**.*
*Dinna sit ere an **FIDGET**,*
*Jist **GANG THE SAME GATE** as me.*
*Jine in wi the **MERRY DANCERS***
An mak the maist o this spree!

OOR AUNTIE HILDA

You, oor Auntie Hilda, yer aichty I hear,
An octogenarian gweed bi here.
Ye dinna look at I can safely say,
Yer gie near as fresh as a daisy in May.

Weel mebbe nae quite bit maist fowk wid agree,
A young lookin aichty nae wird o a lee.
Gin it wisna for yer twa crochlie aul legs,
Ye'd be good as new, ye wid, aye fegs!

Oh there micht bi a wrinkle or twa here an there,
Bit fit aboot at am sure they're nae sair.
Laughter lines they ca them they cwid easily be,
Ilky time I see ye yer aye foo o glee.

I'ts fifty odd eer since you the young bride,
Steed an took yer vows by Uncle Jim's side.
An nae doot like a ithers hiv hid ups an doons,
Fyle raisin yer family a quine an three loons.

Dyllis an Kenneth are aulest aye feth,
Syne alang cam yon heroes twins Derek an Keith.
Kept you oot o langer fin littlins I ken,
Noo up an awa wi a hames o their ain.

It's noo the grandchildren that tak centre stage,
Mair MAIRS than ivver, sure proof o yer age.
The Clan's fairly swalt since the days o yore,
The last coont I did wis close till a score.

Noo tak this wikkine, the hale jing-bang
Will gither the gither ae big happy gang.
They'll dine an they'll wine an keckle an lauch,
Crack jokes an tell stories, aye nae hauf!

Gin I ken them, they'll lat their hair doon,
Ere's nae shortage o capers wi yon crood aroon.
An at's foo it shid be it's only bit richt!
They live it up on your special nicht.

So, here's tae yer birthday dear Auntie yer swell,
Lovin wife an mam, glamorous granny as well.
Wi that I wish ye the best that I can,
Fae yer aulest niece an the hale Robson Clan.

TARRED WI THE SAME BRUSH

Hannah hault her curtains back an hid a keekie oot,
Tae see fit kine o wither an fa wis gaun aboot.
Thocht she, " is at aul Andra leanin on his staff?"
Someb'dy's lugs are burnin he's at a great lay aff.

Something'll hae misfittit im kis nae a day gings by,
Bit he is on his high horse, I keeps oot his wye.
An yon sister is neen better, she's sic a domineer,
Spikk aboot illfashens, fit is't she winna speer?

Here's yon muckle drochle wauchlin ben the street,
Losh bit fit a ticket her frock's sair made tae meet.
At affa cleyes she weers are naither hale nor clean,
An nivver in mi life hiv I seen sae bauchlet sheen.

They say she is bone lazy same's yon loon ca'd Bob,
He's twinty fower an gaun again an nivver haen a job.
I'll sweer gin he wis mine he'd be het fit oot the door,
Byse lollin in his cheer watchin telly ivvermore.

The mannie's deein nicht-shifts noo gin fit I hear is true,
An he shid be reportit kis I ken he draas the Broo.
Bit he's nae a his leen ere's a puckle roon oor wye,
The kine at wint for nithing fin us fowk jist win by!

Noo, ye'd think at lad wid ken it is aginst the law,
Tae park across fowk's entrance, at's nae eese ava.
Oh! nae anither flittin, it's a muckle van fae Tain,
Looks like at hoose aside's his changed hans yet again.

Fyles I am bamboozlet bi foo some maun aye be braw,
They big a hoose an in nae time, it's up tail an awa.
Faur they get the siller fae's fit gaurs me claa mi pow,
Michty fit a rick! Surely somebdys lum's alowe!

I see the landin curtains twitchin cross the road forbye,
At burly brute is teetin oot, he's like a fox he's sly!
Ere's nae a thing gings by him mornin, noon or nicht,
He's got mair need tae redd his heid an gie his face a dicht.

Fit's hingin fae at roddin tree? I canna see fae here!
I'll hae tae get mi spygless an stan up on a cheer.
Ah! that his brocht it closer, noo I see it fine,
It's mi ain gweed Sunday steyes that blew aff the washin line!

Anither thing I've spottit is yon deemie Keyhole Kate,
I can see her in the distance sneckin Mysie's gate.
Weel, am gaun tae lock mi door, for fear she's comin here,
Kis a she ivver dis is misca fowk an speer!

TOWIE TREASURE TRAIL

"Div ye funcy gaun on a Treasure Trail?" a cronie speert at me,
"I thocht wi cwid team up an see fit we can dee.
I'll easy dee the drivin gin ye concentrate on clues,
Bit nae ower muckle yappin myn nae wastin time on news!"

I says "am game if ye are wi can easy gie't a try,
Tho wir nae a pair o geniuses up tae noo we've aye wun by".
"Aye" says I " yer on, we'll jist mak at a date,
You an me'll lat them see, wir nae exactly blate!

Bit fit is't it a in aid o? ye hinna telt ma at"
"The Upper Donside Bowlin Club at is whut.
Fit are ye speerin at for? it maks nae odds ava".
"Am speerin kis I wint tae ken, is at aginst the law?"

"No it's nae bit gweed bi here the things ye speer's nae real,
Jist things o nae significance I fyles think ye're feel!"
"Am nae sae feel as you" says I "ye hiv a brass neck,
Ere's as muckle swickin noo-adays it's aye best tae double check!"

The day in question did arrive, wi set aff on wir run,
Foo o hope an confident we'd show em how it's done.
Mi pairtner peyed the askin fee an picket up her sheet,
Wi me richt at her shooder anxious tae`get on wi'it!

Kis richt fae the wird go twis a race aginst the clock,
An locals hid advantage ower a outsider folk!
They kent ilky roadie an faur it wid come oot,
Fyle some peer sowels got tint an shuntit roon aboot.

Back an fore they gaed, ye cwid see they warna pleased,
Bit we twa countra quines wi nerra roads are eest.
Wi didna gee wir ginger tae the task wi knuckled doon,
Tho clues at times war tricky the scenery wis a boon!

Faur a did wi ging? weel wi covert near twal mile,
In at the Monument, an dreeve by the aul sawmill,
By Puddickholes an Puddickstane, as locally kent bit losh,
Haughs of Morlich is it's Sunday name, I suppose at soons mair posh!

Fae ere twis left up by Kinclune, Fichlie an the Ley,
Ben the braeface tae Drumallochie faur things gaed agley.
Twis here wi argie bargie't ower the title o some sang,
Only tae fin oot later, that the pair o's got it wrang!

It wisna fit wi thocht ava 'twis a sang o Moira Kerr's,
Tho I still think oor answer wis a better ane than theirs!
Bit back tae the rest o wir journey wir nae hauf throwe wi't yet,
Tae twinty clues an mair we'd answers aye tae get.

An time wis weerin on so I says "haud doon the fit,
Ging flat oot doon Knowies brae or we'll nae get oot the bit!
Bit nae ower muckle grass myn, ere's a chunce ye'll mebbe skip,
We'll be lyin in the bliddy ditch, keep a steady grip!"

Afore wi cross the iron brig the tickit here it says,
Draa in tae the side, syne find a parkin place.
Get oot ower the car an hae a gweed look roon,
Solve the next three clues an jot the answers doon.

Next in line wis Mill o Brux an ower the burn fae there,
The hoose faur I wis born tho it is a hame nae mair,
An hisna been for lang aneuch that I can safely say,
A it's ony eese for's, storin implimints an strae!

Up the brae fae there, syne doon the ither side,
By Cairncoullie Schoolie faur I learnt tae read an write.
Oot as far's the Pole wi gaed an turnt tae wir richt,
On the road tae Sinnahard faur I've spint mony a nicht.

Stumpit here again of coorse nae answer cwid wi get,
So hurriet tae the Aul Free Kirk wi kent wi wid get it.
Efter passin Nethermill, wi turnt aff again,
Ben the Burn o Towie thinkin "his this hunt an eyne"

Oot at Newton turn richt, doon Clashnie at full speed,
Roon the neuk by skweel an hall an a visit tae the deid.
In the aul kirkyaird wi hid tae look aye wi hid indeed,
For the final restin place o, peer aul Peter Reid.

As sure's I live at's fit wi did at's fit wi hid tae get,
Syne scootit doon the Cherry Brae tae the Green Brig for a date.
At last wir hunt wis at an eyne an gie sair made wi heat,
Made a beeline for the Clubhouse an handit in wir sheet.

Eence we hid a welcome fly an answers gaen tae us,
The majority we'd richt bit the rest wi failed tae suss.
At the eyne o the day tho nae prizes`war won,
The enjoyment we got, wis second tae none!

JUDGEMENT DAY

I wis ootside holin tatties, (nae in the best o bone),
Fin I heard someb'dy shout "yer wintit on the phone".
On line wis David Grant he wis winnerin gin I micht
Be free tae help judge poetry at Earlsfield that nicht.

"Och aye" says I, I"ll hae a try I canna gang far wrang,
Eence Wull an me gets yokit it shidna hinner lang.
This micht be new tae me, bit Wullie kens his stuff,
The only thing I'm feart for is ye micht tak the huff.

Bit on yer ain heid be it gin the ootcome disna please,
Dinna come till's girnin an haud oot wi war nae eese.
Kis oor decision's final nae maitter fit ye say,
I winna change mi myn nor yet will Wullie Gray!

It winna look weel gin ye win, some bricht spark micht jalouse,
Ye gaed's a wee back-hauner fin ye hid's in yer hoose".
Says he, "fit wye wid I dee at div ye think am a feel?
Ye surely ken bi this time I am an honest chiel.

Bit I div agree wi fit ye say, it micht look like a fix,
An I dinna wint fowk thinkin wi employed some dirty tricks.
Me the spikk o the place an a J. P. for a dad,
Can ye jist imagine fit he'd say, he'd be hoppin mad!

Mair than at, fin I parade mi 'Blondes' at next eer's simmer shows,
Fowk'll pint a finger an say 'look see ere he goes'.
Nae tae mention foo it wid affect mi ain wife's B&B,
Life widna be wirth livin, it wid be the eyne o me!"

Bi this I burst oot lauchin I jist cwidna cairry on,
Ony langer wi this banter I wis haein on the phone.
"Michty loon kweel doon" I says, "dinna get het up,
Yer poem'll be judged like a the lave ye'll mebbe win the cup!

Did it nivver cross yer myn at I micht be kiddin on?
That a rippit micht brak oot gin your ain entry won.
Am sorry gin I've wun ye up, bit thocht ye wid surmise,
I wis only gien yer leg a pull an haein a wee bit hyse.

Hook, line an sinker ye fell for't an took it a tae hert,
Weel, it fairly made mi day, I'll tell at's a cert.
Bit noo we've clear'd the air, we'll get doon tae brass tacks,
Ye'll need tae gie's the details o rules an ither facts.

Plus sort oot a the classes pit em intae separate heaps,
So's we ken fit wir on an nae look like sammy dreeps".
Says he "I've deen't aready, dinna deeve me ony mair,
Jist get yersel up here afore ye drive mi tae despair!"

"Aricht", I says "jist be like at I'll see ye later on,
Eyne o conversation", an I clappit doon the phone.
Bit something in mi beens gaurt mi winner shid I ging,
Tae Earlsfield that nicht tae judge this poetry thing?

Bit nae lang efter suppertime I gaed mi face a dicht,
Changed intae decent claes kis I wis a gie bit sicht.
Even efter I wis riggit, I still wis in twa myns,
Whether it wis wise tae show mi face nae kennin fit I'd find.

Ma fears war a unfounded, Davie wis the perfect gent!
He hid a hearty lauch and said it wisna mint.
Says I, "am gled tae hear't kis I wis a bittle sick,
Fin I thocht I hid upset ye wi a yon bloomin chick".

"Na , na", says he "nae fear o at come awa inside,
Wullie's ready wytin so in him ye can confide.
Athing is in order jist pick fit ye think's best,
I'll leave ye till't eynoo, I'll hear fa's been first placed".

Efter some deliberation, wi did finally decide,
Kennethmont's Wullie Reid wis best adult bi a stride.
I canna myn the runner-up bit it wis first class as weel
Likewise war a the entries fae littlins at the skweel.

We reportit oor decision tae the gaffer in due course,
An he lookit pleased aneuch he didna show remorse.
Wi war treatit tae a fly an a drammie for the road,
I wis gled it wis a by wi,aff ma myn it wis a load!

Neist day weel throwe the efterneen, fin the judgin wis a ower,
Fiona she wis hooverin, ben the hoose jist efter fower,
Fin she fun a sheet o paper in aneth the easy cheer,
'Twis Davie's precious entry, noo is'nt at dashed queer!

THE DONS SUPPORTER

I am a Dons supporter Pete Oddrie is mi name,
I cheer the boys an mak a noise at ilky fitba game.
I weer mi scarf an toorie an tak wee Bully wi's,
An ilky time there is a goal I shout "anither please".

Some folk wid try an tell ye wir teamie's on the wane,
Gone are the days o glory we'll nae see the like again.
Bit I am a staunch supporter an I aye live in hope,
That later on this season the Dons 'll win a cup.

Fin the mannie wi the fussel blaws for affside or misdeed,
I shout "Pit on yer glesses man awa an bile yer heid,
It's nae oor man that's guilty it's at ane weerin green,
Yer the peerest referee that's set fit in Aiberdeen".

Fin the S F A decided tae split the league in twa,
It wid improve the game is fit wi heard em blaw.
Bit I cwidna care a docken tho my team's nae the cream,
As far as am concerned Aiberdeen's the team!

Kis I am a Dons supporter Pete Oddrie is mi name,
A dedicated follower o J.C. an his men.
Throwe thick an thin I'll be there be't sunshine hail or rain,
An when they win the Scottish Cup I'll shout "The same again"!

Oh I am a Dons supporter Pete Oddrie is mi name,
I cheer the boys an mak a noise at ilky fitba game.
I am a hardy annual an weel I ken score,
I am a Dons supporter an I'll be for ivvermore!

FANNY FAE FINZEAN

Am Fanny fae Finzean the famous packwife,
I've traivellt the countraside maist o mi life.
Am oot in a withers be't sunshine or caul,
An I cater for abdy fae young throwe tae aul.

I sell fowk the pick o some second han cleyes,
I've athing fae plus-fowers tae bloomers an steyes.
Lang draars for the mannies, sarks, semmits an hose,
Aul farrant reid hunkies for dichtin yer nose.

I've cross-over overalls, aaprins an ties,
Pullovers an ganseys o a kines an size.
Suspender belts, galluses, gweed leather belts,
Some jaickets an weskits an fine tartan kilts.

Pairs o safties an plimsoles, braw sheen for the feet,
Goloshes an ileskins tae weer fin it's weet.
Balaclavas an bonnets, scarves, tammies an shaals,
An hame wivven mittens tae keep oot the caul.

Camisoles, petticoats, blouses an bra's,
Pairs o pyjamas an nichtgoons ana.
Silk stockins an frocks fit for weerin at balls,
Sweemin costumes an dookers for you an yer pals.

An at's nae near athing I've heaps mair at hame,
I've hats o a colours an handbags the same.
Tweed costumes an three-piece suits hung on a rack,
Kis they're far ower bulky tae ging in mi pack.

So, gin ye've a waddin or some ither 'Do'
Jist sen for aul Packie an she'll supply you.
She'll rig ye oot brawly nae wird o a lee,
Richt fae heid tae fit for a verra sma fee!

AIDS AN AULD-TIMERS

Aids an auld-timers, the first mention o these,
An ye instantly think, some dreaded disease.
Weel, nae in this case I am happy tae say,
Aids are as in help, the auld-timers are they.
On the doonhill slope nae mair on the ball,
Faur the curse o auld age his noo taen its toll.

An naeb'dy's exempt it comes tae us a,
Wir actions slow doon wi sit an wi thraw.
Fin things gang agley wi girn an grumph,
Jist loll in wir cheer readin circular bumph,
The postie delivers till's near ilky day,
A richt waste o paper's fit I eest tae say.

Until ae day fin browsin throwe somethin he brocht,
That gaurt me tak notice an gaed cause for thocht.
'Healthy Living' twis cad, it said 'we guarantee,
You will be happy' so I flicked throwe tae see.
An as sure as I live a the aids o the day,
Tae help us auld-timers war ere on display.

Supports for wir jints, elbuck, ankle an wrist,
War the objects I spottit on tap o the list.
Pads an braces wi magnets, tae soothe aches an pains,
Support socks an stockins for varicose veins,
Silicone gel cushions for balls o the feet,
Bunion correctors, fleecy insoles for beets.

Sheen, safties an sandals fixed wi Velcro straps,
Tae save ficherin wi pints an buckles an flaps,
Pedal exercisers tae help circulation,
Faldin up walkin sticks, anither creation,
An gin at fails tae swacken or mak the legs trimmer,
Wi can aye fa back on a buggy or zimmer.

Finger sleeves an mitts for arthritic hauns,
Stuff for fooshtie feet in aerosol cans,
Elastic sheen for the queerest o shapes,
Lang chines tae prevent us fae tynin wir specs,
Specs wi flippin lenses, ae e'e at a time,
Yet anither invention for them past their prime.

For fowkies fa's bathert wi bladders that's weak,
Ere wis waterproof draars for fear o a leak,
Plus portable loos, special no-spill design,
In the brochure on offer, at fower ninety-nine.
Nae the nicest o subjects bit I'm sure it's agreed,
Maist essential equipment in oor time o need.

Bath-time wis ae ither thing catered for here,
Wi can get in an oot noo without ony fear.
Ere's seats tae sit doon on an hannles tae haud,
Plus, full linth non-slip mats for fear wi gang thud.
Bit nae sign o contraption for dryin's wi, why?
Div wi jist stan an wyte till wir dowp drips dry?

Aye, it's nae a great ootlook for us aul has-beens
Bit, wid ye honestly like tae be back in yer teens?
The wye things are goin at this present day,
I for ane, wid far raither nae.
I'll jist tyaave awa a the time takkin stock,
O the perks an concessions for ilky aul crock.

A TURNAROON

Weel, here wi are a githert here,
Oot on the loose an foo o cheer.
A welcome brak fae yon hard wark,
An hearin Rhona harp an nark.

Och nae that we pey ony heed,
We've gotten eest till't aye indeed.
Bit God help yon young quines aye feth,
In them she pits the fear o death!

Gin they dinna teem their chuntie pots,
This senior carer's at their throats.
Things oot o place an nae laid past,
Aye ye've guessed, anither blast!

Only time they're free fae this aul nag's,
Fin she's oot the backie smokin fags,
Or, ransackin biscuit tins instead,
For some fine piece the cooks hiv made.

Fin she's on yon shift fae two tae ten,
Ye may be sure oor Rhona's ben.
"Fit's on the menu here the nicht?,
I hear it's eggs, hope at's nae richt".

"It's aye the same, near ilky time,
The nichts am on ere's nithing fine.
I doot I'll hae tae jist mak dee,
Wi loff an butter peer aul me!"

Ye'd lauch yer kill ye really wid,
Kis she's mair fashious than ony kid.
Bit a sinse o humour she definitely his,
An she's brainy tee, div ye myn yon quiz?

Hardly an answer cwid onyane get,
She hid abdy bleckit, weel an truly bate!
I think the best thing us fowkies can dee,
Is, pit her on wi Tarrant syne we'll a see.

At the back eyne o simmer the quines aften speer,
Faur did Rhona get her sun tan this eer?
Weel, the truth o't is without ony doot,
At hame fin she basks in her birthday suit!

Fit ither reason cwid ere possibly be,
For growein her hedge as heich as a tree?
It's weel wirth a look, it's beyond belief,
Ither twa three fit an it's up tae the reef!

Of coorse she gings gowfin in fine days forbye,
Kis the local golf course is quite nearby.
Doon the road she gings dirdin wi trolley in han,
A game kine o deem she'll match ony man!

Noo Rhona we've heard yer in a bit stew,
Ower the heids o jinin the aul grunny crew.
Jist tak oor advice ging on a crash course,
On changin hippens an gien't sooks fin it roars.

Nae fae you exactly wi dinna mean that,
Ye've nithing tae offer yer far ower flat.
Mither hersel will supply milk for feeds,
Plus baby rice, rusks an a ither needs.

So, forget a aboot it dinna sit ere an froon,
Mak the maist o this ootin an lat yer hair doon.
For a fair fyle noo it's been oor general view,
That the nicht wi shid turn the tables on you!

BINGO NICHT

Bingo is mi hobby
I ging till't ilky wikk,
An I nivver gie up hope
o gettin rich real quick.
I've haen an antrin powen or twa
jist tae tide mi ower,
Bit nae near han aneuch
tae keep the wolfie fae the door.
I'll hae tae keep on tryin tho
an hope for better times,
I micht yet hit the jack-pot
An shift tae sunny climes.
So here's tae wednesday nicht again
doon at wir local club,
Gin I dinna strike it rich
I'll droon mi sorras at the pub!

Weel that's yer lot nae mair I've got
Mi brain an pen's gane dry.
Maybe in ten eer or so
I'll hae anither try.
So gin ye've likit fit ye've read,
Tell abdy aul an young,
Bit if ye hinna it micht be best,
Gin ye jist haud yer tongue!

LOURIN LADS N LASSIES

Back Row L to R: Stuart Robertson Lena Garden Lindsay Valentine
Front Row L to R: Bill Stuart Margaret Smith Sandy Sim Frances McDonald

"BOTHY NICHTS" WINNERS 1997

BENNACHIE BLETHERS

Doric poems written and recited by
Frances McDonald

NOW AVAILABLE

CD   ONLY £9.99